目　　次

前言

本标准规范按照 GB/T 1.1—2009 给出的规则起草。

请注意本文件的某些内容可能涉及专利。本文件的发布机构不承担识别这些专利的责任。

本标准规范由中华人民共和国文化部提出。

本标准由全国图书馆标准化技术委员会(SAC/TC 389)归口。

本标准规范起草单位:北京大学图书馆、中国国家图书馆、新疆维吾尔自治区图书馆。

本标准规范的主要起草人:聂华、朱本军、宋庆生、龙伟、王文玲、李华伟、王曙光。

本标准是首次制定。

音频数据加工规范

1 范围

本标准规定了音频数字化加工的规格和基本工作规范,包括模拟音频资源和数字音频资源的加工准备、内容采集与转换、文件参数规格、后期编辑与处理、元数据著录、信息封装、保存与存储、文件命名和质量控制。

本标准适用于图书馆音频数据加工,其他文献信息机构音频数据加工也可参考使用。

2 规范性引用文件

下列文件对于本文件的应用是必不可少的。凡是注日期的引用文件,仅注日期的版本适用于本文件。凡是不注日期的引用文件,其最新版本(包括所有的修改单)适用于本文件。

GB 3102(所有部分) 量和单位[ISO 31(所有部分)]

GB/T 4894—2009 信息与文献 术语(eqv ISO 5127:2001)

GB/T 7408—1994 数据元和交换格式 信息交换 日期和时间表示法(eqv ISO 8601—1988)

GB/T 17975.3—2002 信息技术 运动图像及其伴音信号的通用编码 第3部分:音频(neq ISO/IEC 13818—3:1998)

GY/T 168—2001 广播音频数据文件格式规范 广播波形格式(BWF)

GY/T 202.2—2007 广播电视音像资料编目规范 第2部分:广播资料

ISO/IEC 15938—2:2002 信息技术 多媒体内容描述界面 第2部分:描述定义语言(Information technology—Multimedia content description interface—Part 2:Description definition language)

ISO/IEC TR 15938—11:2005 信息技术 多媒体内容描述界面 第11部分:MPEG-7的文件模式(Information technology—Multimedia content description interface—Part 11:MPEG-7 profile schemas)

3 术语和定义

下列术语和定义适用于本文件。

3.1

采样率 sampling frequency

每秒从连续信号中提取并组成离散信号的采样个数。

示例:

44.1KHz。

3.2

量化位 quantitative level

度量采样后离散信号幅度时的分级数,通常用“位(bit)”做单位。

示例:

16 位、24 位。

3.3

通道数 channels

传播音频信号的声道数。

示例:

单声道、双声道。

3.4

比特率 bit rate

每秒传送或处理的数据位数,也称为“码率”,用 bps(bit per second)作单位。

示例:

1.2Mbps。

3.5

特殊记录 special recording

珍贵、稀有或有特别用途的音频数据。

3.6

语音记录 voice recording

只有人的声音,不包含其他任何乐音、动物声音的声音音频数据。

示例:

采访或访谈录音中除了受访者的声音,无其他任何虫鸣、鸟叫以及背景音的音频数据。

3.7

主文件 master file

以存档或长期保存为目的的数字音频数据。

3.8

通用主文件 general master file

除了特殊记录、语音记录之外的以存档或长期保存为目的的数字音频数据。

3.9

服务文件 service file

以获取或使用为目的的数字音频数据。

3.10

通用服务文件 general service file

除了特殊用途服务文件之外的以获取或使用为目的的数字音频数据。

3.11

元数据 metadata

关于数据的内容、质量、状况和其他特性的描述性数据。

[GB/T 4894—2009,4.4.2.1.1.19]

3.12

封装 encapsulation

将信息与音频数据相结合,使之形成一个有机的整体。

4 加工准备

4.1 应对拟加工音频资料进行盘点、核查和筛选,必要时对其进行适度的清洗和修复。

4.2 应根据需加工音频资料原始载体选择合适的播放设备,并对播放设备进行清洁、调整,设定符合播放的参数。

4.3 应对主文件和服务文件的编辑处理方式、规格参数、保存介质、命名等进行一致性约定。

5 内容采集与转换

5.1 应先将拟加工的音频数据加工成数字主文件,并由主文件转换或派生服务文件。

5.2 在主文件采集时应将原始音频数据进行整体采集。

示例1:磁带A面作为一个整体,包含A面的全部曲目。

示例2:磁带A面、B面作为一个整体,包含A面、B面的全部曲目。

6 文件参数规格

6.1 主文件参数规格

6.1.1 通用主文件

编码:无压缩或无损压缩

通道数:单声道或多声道,取决于原始内容的声道数

采样率:44.1kHz

量化位:16bit

文件格式:WAVE或BWF

处理:不做任何处理。

6.1.2 特殊记录主文件

编码:无压缩或无损压缩

通道数:单声道或多声道,取决于原始内容的声道数

采样率:48kHz或以上

量化位:24bit

文件格式:WAVE或BWF

处理:不做任何处理。

6.1.3 语音记录主文件

编码:无压缩或无损压缩

通道数:单声道或多声道,取决于原始内容的声道数

采样率:22.05kHz 或以上

量化位:16bit

文件格式:WAVE 或 BWF

处理:不做任何处理。

6.2 服务文件参数规格

6.2.1 特殊用途服务文件

规格参数分别见 6.1.1、6.1.2 和 6.1.3。

6.2.2 低保真音质服务文件

编码:MPEG Audio Layer3

通道数:单声道或多声道,取决于原始内容的声道数

量化位:16bit

比特率:128kbps 或以上

文件格式:MP3

处理:见"7.1"。

7 后期编辑与处理

7.1 由主文件转换或派生服务文件时,可进行必要处理,包括降噪等处理。

7.2 应按照音频数据的内容单元进行剪切或拼接。

示例:

主文件包含 10 首连续的音乐,转换或派生为服务文件时分别剪切为独立的 10 首音乐。

7.3 内容单元前后应保留 2—3 秒空白。

8 元数据著录

8.1 应在加工过程中为主文件和服务文件进行描述元数据、管理元数据著录或结构元数据著录。

8.2 在元数据加工环节应在同一对象数据的不同元数据之间、元数据与对象数据来源资源之间和对象数据与来源资源之间建立关联。

示例:

相关资源的关联,可以通过描述元数据里的"关联(Relation)"元素来描述。

8.3 应对主文件、服务文件加工过程中的信息进行标记。标记的信息应包括,但不限于表 1 所列:

表 1　加工过程中应标记的内容项

中文标签	对应英文标签	著录依据
对象标识符类型	objectIdentifierType	PREMIS
对象标识符数值	objectIdendifierValue	PREMIS
保存等级	preservationLevel	PREMIS
对象类别	objectCategory	PREMIS
信息摘要规则	messageDigestAlgorithm	PREMIS
信息摘要	messageDigest	PREMIS
格式名称	formatName	PREMIS
格式版本	formatVersion	PREMIS
大小	size	PREMIS
存储介质	storageMedium	PREMIS
事件标识符类型	eventIdentifierType	PREMIS
事件标识符数值	eventIdentifierValue	PREMIS
事件时间	eventDateTime[a]	PREMIS
代理标识符类型	agentIdentifierType	PREMIS
代理标识符数值	agentIdentifierValue	PREMIS
比特率	Mediaformat/BitRate	MPEG－7
音频编码格式名称	AudioCoding/Format/name	MPEG－7
音频时长	MediaInformation/MediaProfile/MediaFormat/Duration[b]	MPEG－7
通道数	AudioCoding/AudioChannels	MPEG－7
量化位	AudioCoding/bitPer	MPEG－7
采样率	Samplingfrequency	AudioMD
a:同时可参见 GB/T 7408—1994		
b:同时可参见 GB/T 7408—1994		

9　信息封装

应为 WAVE 或 BWF、MP3 等音频数据封装基本信息。所封装的信息包括，但不限于表 2 所列：

表 2　WAVE 或 BWF、MP3 音频数据应封装的信息

WAVE 或 BWF 信息块	说明和示例
题名	音频数据文件对应的名称 示例：梁祝
日期	数字化日期，格式为 YYYY－MM－DD[a] 示例：1999－11－04
存档位置	机构的唯一标识符 示例：北京大学图书馆[b] TK－0043[c]
归属单位	加工后音频数据文件的归属单位 示例：北京大学图书馆
a:同时可参见 GB/T 7408—1994 b:为存档机构名 c:为数字资源原始文件的唯一标识符，一般为存档机构内的典藏号	

10 保存与存储

10.1 应对已加工的主文件、服务文件进行保存。

10.2 应根据使用目的和可负担的成本选用光介质或磁介质。

注:此处光介质主要指 CD、DVD、BD(蓝光数据光盘)等;磁介质主要指数字磁带和磁盘等。

10.3 应对所有已加工数字音频数据进行异地容灾镜像备份。

11 文件命名

11.1 音频数据文件或存储文件夹的命名应拥有唯一标识符、具备连续一致的结构。

11.2 文件或文件夹命名应严格遵守计算机系统对文件命名的限制。

11.3 文件扩展名采用三位半角小写字母。

11.4 服务文件的命名应与主文件的命名保持一定的继承性。

12 质量控制

对已加工音频文件的质量应包括,但不限于以下要求:

——文件被完整采集;

——所有文件能正常打开和播放;

——噪音或失真不超过原有记录;

——所有文件达到本标准所规定的采样率、量化位等参数规格;

——音质符合重放标准;

——文件名、文件夹名和文件路径正确。

参考文献

[1] IASA-TC 04 Guidelines on the Production and Preservation of Digital Audio Objects[S]

[2] IASA-TC 03 The safeguarding of the Audio Heritage: Ethics, Principles and Preservation Strategy[S]

[3] PREMIS Data Dictionary for Preservation Metadata(Version 2.0)[EB/OL]. http://www.loc.gov/standards/premis/v2/premis-2-0.pdf

[4] Multimedia Programming Interface and Data Specifications(1.0)[EB/OL]. http://www-mmsp.ece.mcgill.ca/Documents/AudioFormats/WAVE/Docs/riffmci.pdf

[5] AudioMD Data Dictionary[EB/OL]. http://www.loc.gov/rr/mopic/avprot/DD_AMD.html

ISBN 978-7-5013-5752-9

定价：20.00 元